DÉCOUVERTE

D'UNE CONSPIRATION

CONTRE LES INTÉRÊTS

DE LA FRANCE.

DÉCOUVERTE D'UNE CONSPIRATION CONTRE LES INTÉRÊTS DE LA FRANCE.

Vils journaliſtes, vendus à l'Angleterre; métaphiſiciens brouillons, & qui trompés le peuple, conſpirateurs contre la France, ce n'eſt pas pour vous que j'écris.

C'eſt pour toutes les claſſes utiles du royaume, pour les marchands, les artiſtes, les jouailliers, les ouvriers du luxe, pour les artiſans, les ouvriers de nos fabriques, les laboureurs, les officiers de notre marine marchande, les matelots, pour tous les manufacturiers, les négocians, & pour tous les propriétaires de terres que ma plume prétend s'exercer aujourd'hui.

Puiſſe mon ame entiere paſſer dans cet écrit! puiſſent les vérités que je vais annoncer, pénétrer ceux qui aiment encore leur patrie & leur roi !

C'eſt à des cœurs françois que je m'adreſſe, ô mes concitoyens, ouvrez les yeux & fremiſſez.

Une ſecte que l'Angleterre a machinée pour la deſtruction de la France, prétend anéantir vos eſpérances, vos fortunes & votre gloire.

Toutes les ſectes du monde ont un myſtere qu'elles ont grand ſoin de voiler par le principe de la morale la plus pure & la plus ſéduiſante.

Le myſtere de la ſecte dont je parle, eſt le même que celui de la ſecte des Illuminés, des Martiniſtres, & des Caglioſtro (1).

Il emporte avec lui la deſtruction de toutes les religions, de tous les empires, de toutes les formes de gouvernement.

Cette ſecte s'eſt établie à Paris ſous le titre modeſte & ſpécieux de *ſociété des amisdes noirs*.

---

(1) J'invite mes lecteurs à lire l'Eſſai ſur les Illuminés, qui ſe vend chez le Jay, à Paris, ſeconde édition.

Les plans de cette horrible société sont vastes & profonds, & sous le voile de l'humanité, de la liberté, elle prétend mettre l'univers en combustion.

Elle doit travailler en révolution (ce sont ses expressions) toutes les parties du globe, excepté l'Angleterre.

L'univers, selon ces méchans, doit être agité pendant cinquante ans par d'affreuses convulsions; mais après de longs malheurs, des guerres civiles, des massacres qui auront fait périr à-peu-près la moitié du genre-humain, les hommes, ramenés à l'état de pure nature, jouiront, disent-ils, des douceurs du gouvernement le plus modéré, & de tous les bienfaits d'une paix qui s'étendra dans toutes les parties du monde, & ne finira point.

Ainsi ces criminels visionnaires, ces conspirateurs contre le genre humain, sacrifient deux générations d'hommes pour faire arriver celles qui suivront au plan le plus imaginaire & le plus impraticable.

Trois hommes ont établi cette secte à Paris.

Les deux premiers sont Genevois & sont penſionnés par l'Angleterre ; ces deux hommes ſont les ſieurs Durovray & Claviere. Ils ont été bannis de Geneve il y a quelques années, pour une conſpiration qu'ils avoient formée contre leur patrie ; malheureuſement on leur fit grace alors de la vie. L'autre ſe nomme Briſſot de Warville, il eſt fils d'un pâtiſſier de Chartres, fugitif de la maiſon de ſon pere, qui le chaſſa pour des déſordres qui faiſoient craindre à ſa famille, pauvre, mais honnête, le déshonneur. Cet homme vint à Paris il y a quelques années, il s'y fit enfermer, dans une maiſon de correction, pendant quelques tems, pour pluſieurs libelles ſcandaleux dont il fut reconnu pour être l'auteur ; & forcé de quitter le royaume, il s'embarqua, en qualité de mouſſe, pour la nouvelle Angleterre.

Quelqu'eſprit, ſur-tout celui d'intrigue, un extérieur doux, modeſte, tartuffe, le firent accueillir par quelques François établis à Newyork, qui lui fournirent charitablement des moyens de ſubſiſter. Il les trompa tous. Brouillon par caractere, méchant, ſéditieux, il leur ſuſcita des affaires facheuſes qui les compromirent ; il fut chaſſé de tous les lieux, & cet homme dangereux fut forcé de s'embarquer pour l'Angleterre.

Dans le malheureux état où l'avoient réduit ses mauvaises actions, n'ayant aucun asyle, aucun moyen de subsister, il s'adressa au club des révolutions de Londres, où il fut jugé capable de servir l'Angleterre dans ses projets de vengeance contre la France.

Le docteur Price, un des plus grands politiques de ce club, le recommanda à M. Pitt, le meilleur apréciateur de l'Europe en fait de gens propres aux révolutions.

Ce sont ces trois hommes dont le ministere anglois s'est servi pour établir la secte des amis des noirs à Paris; & si l'on ne peut, sans fremir, songer à l'empire de quarante-huit millions que l'Angleterre a employés depuis un an en dépenses secretes, on ne peut d'un autre côté s'empêcher de présumer que cet établissement y est entré pour beaucoup d'argent.

O mes concitoyens! vous savez que les seuls moyens de richesses & de prospérités qu'ait la France, sont les colonies.

Vous ſavez qu'elles produiſent plus de trois cents millions d'augmentation de richeſſes, qui rendent toute l'Europe tributaire de l'induſtie françoiſe.

Vous ſavez que ce que vous achetez de l'étranger n'eſt point compenſé, parce que vous lui vendez, & que ſans les productions des colonies vous ſeriez tributaire de vos ennemis d'une ſomme de plus de trente millions toutes les années.

Que ſi vous n'aviez point de colonies, vous ſeriez forcés d'acheter de l'Angleterre toute votre conſommation en ſucre, en café, en coton ou en indigo; qu'il ſortiroit conſéquemment plus de ſoixante millions de numéraire hors du royaume toutes les années.

Vous ſavez que l'étranger vous apporte tous les ans plus de 140 millions en échange du ſuperflu des denrées de l'Amérique que vous lui vendez, dont vous ſeriez privé, ſi vous n'aviez pas de colonies.

Vous ſavez qu'elles entretiennent plus de cinq

millions d'hommes, plus de 1500 bâtimens de mer que vos négocians feroient obligés de vendre ou de brûler, si vous veniez à les perdre.

Vous savez que tous les ouvriers de vos manufactures, tous vos fabriquans de toile, tous les charpentiers, tous les ouvriers en fer, tous les officiers de navires, tous les matelots, feroient sans occupation, feroient réduits à la derniere misere, feroient forcés d'aller porter leur industrie en Anglererre.

Vous savez que vous feriez obligés d'arracher la moitié de vos vignes.

Vous savez que la marine feroit détruite, que vos côtes resteroient exposées aux insultes de vos ennemis, & que, quel que soit votre courage, il vous feroit impossible de garantir vos provinces maritimes de la dévastation & de la conquête, parce que l'ennemi, maître de la mer, les attaqueroit par-tout où la défense feroit foible, & se garderoit bien de se présenter où vous feriez en force.

Tous les avantages que vous retirez de vos

colonies, ô mes concitoyens! vont s'évanouir. Tous vos moyens de ſubſiſtance, toutes les ſources de vos richeſſes, de votre puiſſance, de votre gloire vont diſparoître. Vous allez être la plus pauvre, la plus foible nation de l'Europe; vous allez être forcés d'aller chercher des moyens de vivre dans des terres étrangeres, parce que l'excédent des produits de vos terres & de vos manufactures ne trouveroit de débouchés dans aucun pays.

Et voici, ô mes concitoyens! les moyens qu'emploie l'Angleterre pour vous rendre au centuple les manœuvres qui lui ont fait perdre la nouvelle Angleterre.

Ses émiſſaires, les amis des noirs, non contens d'envoyer des aſſaſſins dans les colonies, pour y faire égorger vos freres d'Amérique par leurs eſclaves, non contens d'avoir excité à la Guadeloupe & à la Martinique des maſſacres dont on ne peut prévoir l'iſſue, ſollicitent dans l'aſſemblée nationale l'abolition de la traite & la liberté des negres.

Ce ſont eux encore qui ont excité des mulâtres, esclaves la plupart, & que leurs maîtres ont chassé par mécontentement, à se présenter effrontément pour demander à cette assemblée d'établir l'égalité entr'eux & les blancs des colonies.

Si cette secte, qui est très-puissante, réussit dans ses projets, toutes ces riches manufactures de sucrerie, de coton, de café & d'indigo, seront brûlées & détruites, tous les blancs des colonies seront égorgés; & que deviendront, ô mes braves concitoyens, toutes les sources de votre subsistance.

Vous allez donc être réduits à aller mendier votre vie dans des pays dont vous ignorez la langue & les moeurs, où, pour toute ressource, vous n'éprouverez qu'une pitié stérile, où vous ne trouverez que le dédain, la haine que doit encourir un peuple qui n'a pas su s'arrêter dans des justes mesures, & qui s'est laissé entraîner dans des malheurs incalculables par des scélérats qui l'ont vendu aux intrigues & à l'or de l'Angleterre.

C'est à Paris, ô mes amis, qu'existent ces

conſpirateurs contre le genre humain, ces gens dont la doctrine doit embraſer toutes les parties du monde.

Semblables à ce vieil de la Montagne, de chef d'une horde de l'Abiſſinie, qui envoyoit des aſſaſſins à tous les rois qui lui déplaiſoient, ils détachent des meurtriers pour répandre dans toute la terre, ſous les noms ſacrés de l'humanité, de la liberté, leurs dogmes ſanguinaires.

O mes amis, la France! la France! le plus beau royaume de l'Europe va donc payer des tributs à l'Angleterre.

L'Angleterre pourra donc ſeule entretenir une marine formidable.

Elle ſeule fera donc le commerce de l'Univers; elle ſeule donnera des loix à toute la terre! La France ſera ſon eſclave! & non contente de votre abaiſſement, elle vous fera déchirer par vos propres mains; elle excitera parmi vous, avec ſon or, des diviſions de province à province, de ville à ville, de village à village, dans leſquelles périra par les horreurs d'une guerre civile, dont les fastes du monde ne fournissent aucun exemple, la moitié de la population du royaume.

N'armez pas encore vos bras, ô mes Braves amis! suspendez votre indignation, votre juste fureur, craignez votre courage, que l'effusion du sang vous fasse horreur! N'imitez pas ces assassins dont vous avez demandé justice à toute la France.

Allez trouver vos Municipalités; observez-les bien. S'ils étoient des traîtres parmi les membres qui le composent, s'ils étoient des amis des noirs, & peut-être en est-il, que les scélérats soient punis.

Obligez ces Municipalités, comme vous en avez le droit, à faire des adresses à l'assemblée nationale, dans des termes respectueux, mais fermes.

Signifiez aux représentans de la nation que vous craignez qu'ils ne soient égarés par un faux instinct d'humanité.

Que vous êtes instruits qu'il est des membres ou coupables, ou séduits dans leur sein, qui méditent la destruction du royaume.

Que si ces hommes qui tiennent les classes pauvres du peuple de Paris dans leurs mains, encore dégoûtantes du sang, osent lui faire violence, que vous volerez à son secours.

Qu'enfin vous connoissez encore une patrie, une religion, un Roi.

TABLEAU

Des Membres de la Société des Amis des Noirs.

MESSIEURS.

1. BRISSOT de Warville, *rue d'Amboise*, n°. 10.
2. E. Claviere, Administrateur de la Compagnie royale d'Assurance sur la vie, *rue d'Amboise*, n°, 19.
3. Le Marquis de Beaupoil Saint-Aulaire, *au Temple*.
4. Brack, Directeur général des Traites, *rue de Grammont*, n°. 2.
5. Cerisier, *en Bourbonois*.
6. Duchesnay, Censeur royal, *rue des Bernardins*, n°. 37.
7. Le Marquis de Valady, c'est lui qui a fait révolter le régiment des gardes françoises, *à Londres*.
8. Dufossey de Bréban, Directeur de la Régie générale, *rue de Grammont*, n°. 19.

9. De Bourge, *rue des Filles du Calvaire*, n°. 16.

10. Madame la Marquise de Bauſſans, *Place Royale.*

11. J. J. Claviere, Négociant, *rue Coq-héron, au Parlement d'Angleterre.*

12. Roman, Négociant, *rue Coq-héron, au Parlement d'Angleterre.*

13. De Montcloux, fils, Fermier Général, *rue S. Honoré.*, n°. 341.

14. De Montcloux de la Villeneuve, Conſeiller à la Cour des Aides, *rue S. Honoré*, n°. 341.

15. Madame Poivre, *rue Feydeau*, n°. 22.

16. De Trudaine, Conſeiller au Parlement, *rue des Francs-Bourgeois*, n°. 39.

17. De Trudaine de la Sabliere, Conſeiller au Parlement, *rue des Francs-Bourgeois*, n°. 39.

18. Malartic de Fonda, Maître des Requêtes, *paſſage des Petit-Peres*, n°. 7.

19. Le Roi de Petitval, Régiſſeur général, *paſſage des Petit-Peres*, n°. 7.

20. L'Abbé Colin, *au Presbytere de S. Euſtache.*

21 Du Rovray, *en Irlande.*

22. Short, Secretaire de l'Ambaſſade des Etats-Unis d'Amérique, *près la grille de Chaillot.*

23. De Pilles, ancien Procureur des Comptes, *rue de Grammont*, n°. 19.

24. Le Marquis de Condorcet, Secrétaire perpétuel de l'Académie des Sciences, Membre de l'Académie Françoise, *hôtel de la Monnoie.*

25. Charton de la Terriere, *en Amérique.*

26. Kornman, *rue Carême-prenant.*

27. Blot, Contrôleur de la marque d'or, *à Lyon.*

28. Esmangard, fils, Conseiller au Parlement, *rue des Capucines*, n°. 22.

29. Dieres, Conseiller à la Cour des Aides, *rue Jacob.*

30. Des Faucherets, *rue de Paradis.*

31. Gramagnac, Docteur en Médecine, *hôtel de Lussan, rue Croix des Petits-Champs.*

32. Lanthenas, Docteur en Médecine, *rue Thevenot*, n°. 31.

33. Du Vaucel, Fermier Général, *rue neuve des Mathurins*, no. 1.

34. Gallois, Avocat au Parlement, *rue des petits Augustins*, n°. 24.

35. Le Marquis de Mons, *rue neuve des Petits-Champs*, n°. 26.

36. L'Abbé Guyot, Prévôt de S. Martin de Tours, *rue Traversiere*, n°. 35.

37. Pigot, *à Genève.*

38. Le Baron de Dietrick, *rue Poissonniere.*

39. Lavoisier, Fermier Général, *à l'Arsenal.*

40. Bergerot, Directeur des Fermes, *hôtel des Fermes.*

41. Biberman, Négociant, *à Bruxelles.*

42. De Pastoret, Maître des Requêtes, *rue des Capucines*, n°. 74.

43. Cottin fils, Banquier, *Chaussée d'Antin*, n°. 6.

44. D'Audignac, Directeur de la Régie générale, *rue de Choiseul.*

45. Le Comte de la Cépede, *au Jardin du Roi.*

46. Munier de Montengis, *à l'Hôtel Royal des Invalides.*

47. Madame Claviere, *rue d'Amboise*, n°. 10.

48. Le Chevalier de Boufflers, *hôtel de Rohan, rue de Varenne.*

49. Gougenot, Receveur général de la Régie générale, *rue de Choiseul.*

50. Petry, Directeur des Fermes, *hôtel de Longueville, rue S. Nicaise.*

51. De Saint-Alphonse, Fermier Général, *rue S. Honoré*, n°. 423.

52. Fortin, *rue de Choiſeul.*

53. Henry, Avocat au Parlement, *rue S. Jean-de-Beauvais.*

54. Le Prince Emmanuel de Salm, *rue de Grenelle, fauxbourg S. Germain*, n°. 231.

55. Duport, Conſeiller au Parlement, *rue du Grand-chantier, hôtel du Port-frais*, n°. 2.

56. Segretier.

57. Soufflot, Inſpecteur des Bâtimens de Sainte Geneviève, *à Sainte Geneviève.*

58. Agaſſe de Creſne, *rue Pavée S. André-des-Arts*, no. 12.

59. Servat, Agent de la ville de Bordeaux, *Boulevart Montmorency, vis-à-vis le Pavillon.*

60. Croharé, *rue de la comédie françoiſe, au coin de la rue des Cordeliers.*

61. Le Comte de Valenee, *rue Chauſſée d'Antin*, no. 70.

61. Hocquart de Tremilly, Avocat Général de la Cour des Aides, *rue Neuve des Petits-Champs*, no. 71.

62. Le Comte Charles de Lameth dit le Général des Annonciades, & de la milice bourgeoiſe de Pontoiſe, *cul-de-ſac Notre-Dame-des-Champs.*

63. Le Chevalier Alexandre de Lameth, *même demeure.*

64. Le Chevalier Théodore de Lameth, *même demeure*

65. Le Marquis du Chatelet, *hôtel de Briſſac, quai des Théatins.*

66. Le Comte de Rochechouart, *rue de Grenelle fauxbourg S. Germain*, no. 99.

67. Molliens, premier commis des Finances, *rue de la Michaudière.*

68. Bergon, premier Commis des Finances, *rue de la Michaudière.*

69. De Sannois, Fermier Général, *hôtel des Fermes.*

70. Le Vicomte de Ricey, *rue de*

71. Benoit de Lamothe, Sous-chef de la comptabilité de la Régie générale, *rue neuve Saint Euſtache*, no. 21.

72. Leroy de Camilly, Payeur des Rentes, *rue S. Marc*, n. 23.

73. Dupleix de Mezy, Conſeiller au Parlement, *rue des petites Ecuries du Roi.*

74. Vallou de Villeneuve, Sous-chef de la Régie générale, *rue S. Joſeph.*

75. Le Marquis de la Feuillade, *rue des Marais*

76. De Meulan, Receveur général des Finances, *rue de Clichy*.
77. Le Marquis de S. Lambert.
78. DeVayne.
79. De l'Etang.
80. Savalette de Lange.
8.1 Le Marquis de Pampelune.
82. Desissarts
83. L'Abbé Sieyes, le Député.
84. L'Abbé Lageare.
85. Doizan, fils du Fermier général.
86. De Boullongne.
87. Le Sage.
88. Le Roy.
89. L'Abbé Coulou.
90. Gougenot de Croissy.
91. De Missy.
92. Bertrand des Brus.
93. Lescallier.
94. Marquise de Condorcet.
95. Mylord Daer.
96. L'abbé Noël.
97. Le Baron de Buest.
98. Messent.
99. L'Abbé Louis.

Associés étrangers.

1. L'Abbé Piatoli, *boulevard de Richelieu, chez Madame la Princesse Lubormiska.*
2. Clakson, négociant, à *Dublin.*
3. Siodier, négociant *à Genève.*
4. Dumont, *à Londres.*
5. Mazzey.

Associés correspondans regnicoles.

1. De Souligné, Directeur des Fermes *à Lyon.*
2. De Suilly, Gentilhomme, *à Orléans.*
3. Petion de Villeneuve, Avocat, *à Chartres.*
4. D'Autroche (Cher) *à Orléans.*
5. Le Marquis de Gronchy, *à Meulan.*
6. M. le Duc d'Aiguillon.
7. M. le Comte de Mirabeau, dit le Flambeau de la Provence, comme Robespierre, la chandelle d'Arras.
8. M. Cottin, Député de Nantes.

FIN.

www.ingramcontent.com/pod-product-compliance
Lightning Source LLC
LaVergne TN
LVHW052031160826
845678LV00003B/1274

* 9 7 8 2 3 2 9 6 3 6 8 4 9 *